essentials

Essentials liefern aktuelles Wissen in konzentrierter Form. Die Essenz dessen, worauf es als „State-of-the-Art" in der gegenwärtigen Fachdiskussion oder in der Praxis ankommt. Essentials informieren schnell, unkompliziert und verständlich

- als Einführung in ein aktuelles Thema aus Ihrem Fachgebiet
- als Einstieg in ein für Sie noch unbekanntes Themenfeld
- als Einblick, um zum Thema mitreden zu können

Die Bücher in elektronischer und gedruckter Form bringen das Expertenwissen von Springer-Fachautoren kompakt zur Darstellung. Sie sind besonders für die Nutzung als eBook auf Tablet-PCs, eBook-Readern und Smartphones geeignet.

Essentials: Wissensbausteine aus den Wirtschafts, Sozial- und Geisteswissenschaften, aus Technik und Naturwissenschaften sowie aus Medizin, Psychologie und Gesundheitsberufen. Von renommierten Autoren aller Springer-Verlagsmarken.

Weitere Bände in dieser Reihe
http://www.springer.com/series/13088

Martina Schäfer

Erfolgsfaktor Kanzleistrategie

Zielgruppen bestimmen
und gewinnen

Martina Schäfer
Diplom-Kauffrau
Berlin, Deutschland

ISSN 2197-6708   ISSN 2197-6716(electronic)
essentials
ISBN 978-3-658-09182-8   ISBN 978-3-658-09183-5 (eBook)
DOI 10.1007/978-3-658-09183-5

Die Deutsche Nationalbibliothek verzeichnet diese Publikation in der Deutschen Nationalbibliografie; detaillierte bibliografische Daten sind im Internet über http://dnb.d-nb.de abrufbar.

Springer Gabler
© Springer Fachmedien Wiesbaden 2015

Gedruckt auf säurefreiem und chlorfrei gebleichtem Papier

Springer Fachmedien Wiesbaden ist Teil der Fachverlagsgruppe Springer Science+Business Media
(www.springer.com)

Was Sie in diesem Essential finden können

- Voraussetzungen für ein erfolgreiches Kanzleimarketing
- Wege, geeignete Adressaten zu finden
- Informationen zur Erstellung eines Maßnahmen- und Redaktionsplans
- Anregungen zu Vorbereitung und Umsetzung von Kanzleimarketing
- Hinweise zur Zusammenarbeit mit Agenturen

Vorwort

In der täglichen Arbeit erlebe ich immer wieder, wie viel Potenzial Kanzleien mit Blick auf Kanzleimarketing und -kommunikation verschenken. Entweder fehlen Strategie und Konzept. Oder aber es hakt bei der Umsetzung, indem entscheidende Kriterien der gewählten Maßnahmen unberücksichtigt bleiben oder das Ganze nur sporadisch erfolgt. Letzteres hat seine Gründe meist im engen Zeitplan der Kanzlei. Denn Kanzleimarketing ist zeitaufwändig. Und dennoch führt heute bei dem enormen Wettbewerb unter mehr als 160.000 Rechtsanwälten und über 90.000 Steuerberatern allein in Deutschland kein Weg mehr daran vorbei, wenn es darum geht, neue Mandanten und Mitarbeiter zu gewinnen sowie bestehende zu binden. Genau aus diesem Grund lohnt es sich auch, die Voraussetzungen für ein erfolgreiches Kanzleimarketing im Detail zu betrachten.

Die Basis hierfür bilden eine passgenaue Strategie und ein gut ausgearbeitetes Konzept mit Maßnahmen, die sowohl den Bedürfnissen der Kanzlei als auch deren Zielgruppe entsprechen. Erst wenn dieses Grundgerüst steht, geht es an die Umsetzung. Hier muss der Rechtsanwalt, Steuerberater oder Wirtschaftsprüfer schließlich wissen, wer die geeigneten Adressaten sind und welche Kriterien die gewählten Maßnahmen beinhalten. Ein Maßnahmen- und Redaktionsplan erleichtert ihm zudem die langfristige Planung und gibt die richtige Struktur für eine erfolgreiche Umsetzung der Themen. Wie die Kanzlei hierbei vorgehen kann, zeigt dieses Essential. Auch die vollständige oder teilweise Auslagerung des Marketings an einen externen Dienstleister stellt dabei eine Option dar.

„Erfolgsfaktor Kanzleistrategie – Zielgruppen bestimmen und gewinnen" ist das vierte Essential in einer vierteiligen Reihe, das Kanzleien hin zu einem erfolgreichen Kanzleimarketing begleitet. Die weiteren Essentials haben die Themen Erfolgsfaktor Alleinstellungsmerkmal, Erfolgsfaktor Corporate Identity und Erfolgsfaktor Kanzleikommunikation. Mit diesen vier Essentials möchte ich Rechtsanwälte, Steuerberater und Wirtschaftsprüfer dabei unterstützen, in ihrer Außenwirkung stärker zu überzeugen und sich die Akquise von Mandanten und

Mitarbeitern sowie deren langfristige Bindung zu erleichtern. Ich würde mich sehr freuen, wenn sie viele nützliche Anregungen für sich finden und diese umsetzen können.

Viel Erfolg dabei wünscht

Martina Schäfer

P.S. Teilen Sie mit mir Ihre Erfahrungen zu Kanzleimarketing. Ich freue mich von Ihnen zu lesen: info@finis-kommunikation.de.

P.P.S. In diesem Essential ist der besseren Lesbarkeit halber durchgängig von Rechtsanwälten, Steuerberatern, Wirtschaftsprüfern und Kanzleiinhabern die Rede. Alle Vertreterinnen dieser Berufe bitte ich, beim Lesen in Gedanken ein „in" anzuhängen. Selbstverständlich sind Sie in diesem Essential genauso angesprochen wie Ihre männlichen Pendants.

Inhaltsverzeichnis

1 Voraussetzungen für ein wirkungsvolles Kanzleimarketing 1

2 Unterstützung durch Agenturen 21

Was Sie aus diesem Essential mitnehmen können 27

„Zum Weiterlesen" 29

Abbildungsverzeichnis

Abb. 1.1 Planungsabfolge 3

Abb. 1.2 Mögliche Zielgruppen 5

Abb. 1.3 Beispiel für wichtige Kontaktdaten für das CRM-System 8

Abb. 1.4 Beispiel für Daten im Presseverteiler 8

Abb. 1.5 Nachrichtenwert 11

Abb. 1.6 Mindestanforderungen eines Redaktionsplans 12

Abb. 1.7 Sieben W-Fragen des Journalismus 17

Abb. 2.1 Umsetzungsmöglichkeiten beim Kanzleimarketing 22

Voraussetzungen für ein wirkungsvolles Kanzleimarketing

Gezieltes Marketing und eine gut durchdachte Kommunikation tragen entscheidend zum wirtschaftlichen Erfolg einer Kanzlei bei. Die passenden Maßnahmen sorgen dafür, dass der Rechtsanwalt, Steuerberater oder Wirtschaftsprüfer die nötige Aufmerksamkeit bei potenziellen und bestehenden Mandanten bekommt und auch mögliche neue Mitarbeiter für seine Kanzlei begeistert. Sie unterstützen ihn außerdem dabei, seine Kompetenz zu zeigen und dadurch Vertrauen zu gewinnen. Und sie helfen ihm, Mandanten und Multiplikatoren auf dem Laufenden zu halten und regelmäßig mit ihnen in Verbindung zu treten. Dieses Potenzial aus Marketing und Kommunikation kann die Kanzlei jedoch nur dann in vollem Umfang für sich nutzen, wenn sie ihre Maßnahmen gezielt plant, gut aufeinander abstimmt und die jeweiligen Stärken berücksichtigt. Auch Überlegungen zu Zielen und Zielgruppen gehören selbstverständlich zu den unverzichtbaren Vorarbeiten für ein erfolgreiches Kanzleimarketing. Hinzu kommt die Entwicklung interessanter und relevanter Inhalte. Das heißt also: Erfolgreiches Kanzleimarketing will gut geplant sein. Ansonsten ist die Gefahr groß, dass der rechtliche oder steuerliche Berater sein zeitliches und finanzielles Budget falsch investiert – oder zumindest nicht das volle Potenzial der von ihm gewählten Marketingmaßnahmen ausschöpft.

Am Anfang eines erfolgreichen Kanzleimarketings gilt es also, eine Strategie und ein Konzept zu erarbeiten, die zur Kanzlei, ihren Anforderungen und den Bedürfnissen ihrer Zielgruppe passen. Darin benennt die Kanzlei konkret ihre Ziele und Zielgruppen sowie Medien und Themen. Wichtig dabei ist, auch Details zu bedenken und in die Tiefe zu gehen. Bleiben der Kanzleiinhaber oder die Partner in ihren Vorüberlegungen zu oberflächlich, fällt es im nächsten Schritt schwer, Maßnahmen und Inhalte passgenau zu entwickeln und damit Mandanten und Mit-

© Springer Fachmedien Wiesbaden 2015

M. Schäfer, *Erfolgsfaktor Kanzleistrategie*, essentials,

DOI 10.1007/978-3-658-09183-5_1

arbeiter zu gewinnen und zu binden. Denn nur wenn das Marketing gut auf die Besonderheiten der Kanzlei abgestimmt ist, kann es seine Aufgabe erfüllen und ihr Image stärken. Und nur so kann es auch zu ihrem wirtschaftlichen Erfolg beitragen, indem es Anreize setzt, die Dienstleistung des Rechtsanwalts, Steuerberaters oder Wirtschaftsprüfers in Anspruch zu nehmen.

▶ **Definition Marketingstrategie** Der Begriff Marketingstrategie bezeichnet ein langfristig ausgerichtetes, planvolles Vorgehen zur Realisierung der Marketingziele im Rahmen eines Marketingplans. Dabei lassen sich drei Sichtweisen unterscheiden. Zum einen kann man die Marketingstrategie als eine von mehreren Funktionsstrategien wie zum Beispiel Produktions-, Forschungs, Personal- oder Vertriebsstrategie interpretieren. Nach der zweiten Sichtweise wird die Marketingstrategie mit der Unternehmensstrategie gleichgesetzt. Die dritte Sichtweise beschreibt die Marketingstrategie als die vorrangige oder dominierende Funktionsstrategie, nach der sich die anderen Strategien richten müssen. Das ist nach dem Ausgleichgesetz der Planung von Erich Gutenberg vor allem dann der Fall, wenn das Marketing den zentralen Engpass im Unternehmen darstellt (in der Regel auf gesättigten Märkten). [Hübner und Hübner 2004]

Wenn alle Unternehmen im Wettbewerb um Kunden und Marktanteile die gleichen, aus Theorie (in Business Schools gelehrten) und Praxis bekannten Strategien anwenden, können sie kaum einen Wettbewerbsvorteil erzielen. Deswegen schlägt Costas Markides eine sehr einfache Definition des Begriffs vor. Demnach besteht eine erfolgreiche Marketingstrategie aus fünf bis sechs kreativen Ideen, wie man diesen Wettbewerb gewinnen kann. [Nöcker 2015]

[...]

Eine Marketingstrategie ist die Grundlage für die Planung der optimalen Kombination der Marketinginstrumente wie zum Beispiel Produkt-, Preisgestaltung, Distributionsstrategie, Kommunikationsstrategie (Marketing-Mix).

Aus Wikipedia: http://de.wikipedia.org/wiki/Marketingstrategie, abgerufen 12.12.2014

Die strategischen Überlegungen bilden damit die Grundlage für das Kommunikations- und Marketingkonzept der Kanzlei. Darin enthalten sind schließlich die Maßnahmen, mit denen der Rechtsanwalt, Steuerberater oder Wirtschaftsprüfer seine potenziellen und bestehenden Mandanten und Mitarbeiter erreichen will (vgl. Abb. 1.1). In den meisten Fällen wird dies eine Mischung verschiedener Maßnahmen sein. Wichtig ist dabei: Diese müssen geeignet sein, die Zielgruppen der Kanzlei tatsächlich anzusprechen. Das bedeutet, sie müssen genau die Kanäle bedienen, die die jeweilige Zielgruppe tatsächlich nutzt. Aktivitäten auf mehreren Plattformen bieten dabei den Vorteil, auch mögliche Präferenzen der Ange-

Abb. 1.1 Planungsabfolge

sprochenen einzubeziehen. Denn unterschiedliche Menschen unterscheiden sich typbedingt auch darin, auf welchem Weg sie Informationen am besten wahr- und aufnehmen. Ein weiteres Kriterium bei der Auswahl der Marketingmaßnahmen ist, dass sich auch der Kanzleiinhaber, die Partner oder der Marketingverantwortliche mit den gewählten Maßnahmen wohlfühlen sollten, da sie diese nur dann regelmäßig umsetzen werden. Genau dies ist nämlich notwendig, damit sich das Kanzleimarketing positiv auf die Akquise und Bindung von Mandanten und Mitarbeitern auswirkt. Denn kaum etwas fällt negativer auf das Image zurück, als nur noch sporadisch bediente oder ein paar Mal genutzte und danach brachliegende Plattformen. Hinzu kommt, dass die eigenen Botschaften nur durch regelmäßige Kommunikation öfter ins Bewusstsein der Zielgruppe dringen und meist so erst durch diese wahrgenommen werden. Das heißt aber auch, dass die Marketingmaßnahmen zu den zeitlichen Kapazitäten der Kanzlei passen müssen. Entsprechend sollten der zeitliche Bedarf und das angestrebte Kommunikationsintervall bereits bei der Auswahl der Maßnahmen berücksichtigt und festgehalten werden. Als Alternative bietet sich hier die Möglichkeit, die Umsetzung – und vielleicht vorher schon die Entwicklung von Strategie und Konzept – an einen externen Dienstleister auszugliedern. Neben den zeitlichen Anforderungen sollte das Konzept auch bereits Angaben zu den entstehenden Kosten enthalten. Dies gilt gerade auch dann, wenn die Zusammenarbeit mit Agenturen oder anderen Experten geplant ist. Denn erst auf der Grundlage dieser Vorüberlegungen kann der Rechtsanwalt, Steuerberater oder Wirtschaftsprüfer schließlich sein Kanzleimarketing sinnvoll planen.

Steht dieses Grundgerüst, geht es daran, die Details zu fixieren. Wer ist für welche Maßnahmen zuständig? Welche Termine gilt es einzuhalten? Welche besonderen Anlässe erfordern Kommunikation? Welche Inhalte will der Rechtsanwalt, Steuerberater oder Wirtschaftsprüfer verbreiten? Und welche Informationen interessieren die Zielgruppe oder welchen Teil von ihr? Berücksichtigt die Kanzlei diese Aspekte bereits von Beginn an in ihren Planungen, erleichtert das ihr Kanzleimarketing enorm. Denn dann kann sie sich auf einen bestehenden Rahmen stützen. Sie hat feste zeitliche und inhaltliche Vorgaben und sie hat die Anforderungen der verschiedenen Plattformen und Zielgruppen im Blick. So spart sie sich eine immer wieder neue und zeitraubende Recherche und kann nichts Relevantes übersehen. Wichtig ist allerdings, trotz der Planung flexibel zu bleiben und das Konzept entsprechend anzupassen. Schließlich gilt es, zum Beispiel aktuelle Entscheidungen zu bedeutsamen Fragen aus dem Schwerpunktbereich der Kanzlei kurzfristig zu kommentieren und zu verbreiten. Denn damit zeigt der rechtliche oder steuerliche Berater auch seine Kompetenz und erfüllt die Erwartungen der Zielgruppe.

1.1 Geeignete und interessierte Adressaten herausfinden

Voraussetzung für ein gezieltes Kanzleimarketing und für dessen Beitrag zum wirtschaftlichen Erfolg ist die richtige Bestimmung der Zielgruppe (vgl. Abb. 1.2). Denn nur wenn die Kanzlei weiß, wer zu ihr passt und wen sie konkret ansprechen will, kann sie geeignete Kanäle nutzen. Und nur wenn sie sich an die passende Zielgruppe wendet, wird sie mit ihren Informationen auf Interesse stoßen – und auf die Bereitschaft, diese weiterzuverbreiten. Genau das ist aber entscheidend, wenn der Rechtsanwalt, Steuerberater oder Wirtschaftsprüfer Marketingmaßnahmen nutzen will, um Mandanten und Mitarbeiter zu gewinnen und zu binden. Wichtig ist allerdings, sich nicht nur auf diesen eng begrenzten Personenkreis zu konzentrieren. Denn das würde bedeuten, mögliche Multiplikatoren außen vor zu lassen. Genau diese sind aber bei der Akquise neuer Mandanten und bei der Rekrutierung neuer Mitarbeiter oft entscheidend.

Für den Rechtsanwalt, Steuerberater oder Wirtschaftsprüfer heißt es also zu überlegen, wer konkret ist seine Zielgruppe, wer soll Ziel seiner Kommunikations- und Marketingmaßnahmen sein. Als erstes sind dies natürlich seine Mandanten oder solche, die künftig als Auftraggeber seiner Dienstleistung in Frage kommen. Aus dem Schwerpunkt der Kanzlei ergeben sich dabei schon wichtige Hinweise.

Abb. 1.2 Mögliche Zielgruppen

Je nach Fokus lassen sich hieraus auch bereits Rückschlüsse ziehen, welche Inhalte diese Zielgruppe besonders interessieren und über welche Kanäle sie sich hauptsächlich informiert. Möglich ist aber auch, dass die potenziellen Mandanten nur wenige Gemeinsamkeiten aufzuweisen scheinen. Dann gilt es, verstärkt auch die eigenen Präferenzen miteinzubeziehen. Das bedeutet, zu überlegen, was den „idealen Mandanten" auszeichnet. Die Eigenschaften, die der rechtliche oder steuerliche Berater hier herausarbeitet, lassen dann weitere Folgerungen mit Blick auf Interessen und bevorzugte Plattformen der Zielgruppe zu. Entsprechend führen die gesammelten Aspekte schließlich zu einem Gesamtbild, das die Kanzlei nutzen kann, um ihre Marketingkanäle und die Inhalte festzulegen.

Genau wie bei der Zielgruppe Mandanten geht der Rechtsanwalt, Steuerberater oder Wirtschaftsprüfer vor, um weitere Zielgruppen zu konkretisieren. Oft ergeben diese sich auch aus den gewählten Marketingmaßnahmen. Will die Kanzlei zum Beispiel Vorträge, Veranstaltungen und Seminare als Marketinginstrument nutzen und plant sie, diese nicht nur in den eigenen Räumen durchzuführen oder selbst zu organisieren, so muss sie die Aufmerksamkeit der Veranstalter gewinnen. Das Gleiche gilt für Medienarbeit. Will der rechtliche oder steuerliche Berater, dass die Presse über die eigene Kanzlei berichtet, steht er als Interviewpartner zur Verfügung oder plant gar eigene Artikel, dann gehört dazu auch, Kontakt zu Journalisten aufzubauen. Sowohl bei Veranstaltern als auch bei den Medien kommt es jedoch darauf an, gezielt vorzugehen. Das bedeutet, auch hier gilt es zunächst zu bestimmen, für wen die eigenen Themen interessant sind. Erst danach geht es daran, die Adressaten über geeignete Plattformen mit den passenden Informationen zu bedienen. Denn auch wenn es zum Beispiel vielen verlockend erscheinen mag, in der Frankfurter Allgemeinen Zeitung (FAZ), der Süddeutschen Zeitung (SZ) oder in Spiegel, Stern und Focus erwähnt zu werden, ist dies oft weder realistisch noch zielführend. Eine Ausnahme bilden hier meist nur große Kanzleien oder Rechtsanwälte, Steuerberater und Wirtschaftsprüfer mit einer ausgewiesenen besonderen Expertise sowie einem schon vorhandenen großen Bekanntheitsgrad, die dadurch bereits im gesamten Land oder auch international tätig sind. Während nämlich Großkanzleien und ausgewiesene Experten oft die Kriterien der großen überregionalen Zeitungen und Magazine erfüllen, gilt für alle übrigen Kanzleien: Der Nachrichtenwert ihrer Themen ist für diese Medien meist nicht relevant genug. Und der Nutzen für regional ausgerichtete Rechtsanwälte, Steuerberater oder Wirtschaftsprüfer wäre auch eher gering, da sie vor allem in ihrem engeren Umfeld sichtbar werden und Vertrauen aufbauen sollten. Immerhin befinden sich hier auch die Menschen, die die Kanzlei als potenzielle Mandanten von ihrer Kompetenz überzeugen will, sodass sie sich schließlich bei Bedarf für die Beratung dort entscheiden. Gut geeignet für die Presse- und Medienarbeit der Kanzlei sind daher vielmehr die örtlichen Tageszeitungen. Auch über die kostenlosen Lokal- und Stadtteilzeitungen erreichen sie oft ihre Zielgruppen. Das gleiche gilt je nach Spezialisierung für regelmäßige Veröffentlichungen von Vereinen. So finden zum Beispiel auf Mietrecht spezialisierte Rechtsanwälte in den Medien der Haus- und Grundbesitzervereine oder des Mietervereins eine geeignete Plattform. Will die Kanzlei sich in der Fachwelt einen Namen machen, unterstützen Veröffentlichungen in entsprechenden Fachzeitschriften wirkungsvoll dieses Ziel. Um hierfür Anregungen zu bekommen, kann der rechtliche oder steuerliche Berater zum Beispiel auf Übersichtsseiten im Internet wie www.fachzeitschriften.de recherchieren. Auch der Besuch eines gut sortierten Zeitschriftenhandels wie man ihn oft in Bahnhöfen findet, hilft weiter.

Gezielt aufbauen kann der Rechtsanwalt, Steuerberater oder Wirtschaftsprüfer Verbindungen über die verschiedenen Social-Media-Kanäle. Dabei gilt es, zunächst potenziell interessante Kontakte zu ermitteln. Danach sollte der rechtliche oder steuerliche Berater sich das jeweilige Profil genauer ansehen und erst dann die weiteren Schritte planen. Denn entscheidend für den Erfolg eines Kontaktes über die Social Media sind die richtige Ansprache und die Form der Kontaktaufnahme. So empfiehlt es sich immer, einen Kontaktwunsch zu begründen und dabei interessante Anknüpfungspunkte aus dem Profil anzuführen. Bei XING lässt sich dies gleich bei der Kontaktfrage als Nachricht einflechten. Auf Facebook sollte der Rechtsanwalt, Steuerberater oder Wirtschaftsprüfer seiner Freundschaftsanfrage am besten eine Nachricht mit einer kurzen Begründung folgen lassen. Und auf Twitter ist es gut, erst einmal zu folgen und dann auf konkrete Fragen zu antworten oder mit wertvollen Informationen auf sich aufmerksam zu machen.

Um den Überblick über die Adressaten von Kommunikation und Marketing zu behalten, empfiehlt sich eine Dokumentation der jeweiligen Kontaktdaten. Voraussetzung dafür ist natürlich, dass der Datenschutz eingehalten wird und dass die Person dem Erhalt von Informationen zugestimmt hat. In jedem Fall gilt: Nur wenn die jeweiligen Interessen erfasst werden, kann der Rechtsanwalt, Steuerberater oder Wirtschaftsprüfer gezielt seine Aktionen planen. Dazu braucht er zum Beispiel Angaben, wer sein Mandantenrundschreiben erhalten oder wer über Veranstaltungen informiert werden möchte. Auch ein persönlicher Kontakt zu bestimmten Anlässen wie Jahres- oder Geburtstage lässt sich nur gut gestalten, wenn die nötigen Angaben vorhanden sind. Eine wertvolle Unterstützung bieten hier die Systeme des Customer Relationship Management (CRM). Wichtig dabei ist aber: Diese Systeme sind nur so gut, wie die eingepflegten Informationen. Das heißt, erst wenn der rechtliche und steuerliche Berater tatsächlich alle verfügbaren Daten hier festhält, ergänzt und regelmäßig aktualisiert, können diese sein Marketing optimal unterstützen.

▶ **Definition Customer-Relations-Management**, kurz **CRM** (dt. **Kundenbeziehungsmanagement**) oder **Kundenpflege**, bezeichnet die konsequente Ausrichtung einer Unternehmung auf ihre Kunden und die systematische Gestaltung der Kundenbeziehungsprozesse. Die dazugehörende Dokumentation und Verwaltung von Kundenbeziehungen ist ein wichtiger Baustein und ermöglicht ein vertieftes Beziehungsmarketing. In vielen Branchen (z. B. Telekommunikation, Versandhandel, Dienstleistungsunternehmen) sind Beziehungen zwischen Unternehmen und Kunden langfristig ausgerichtet. Mittels CRM werden diese Kundenbeziehungen gepflegt, was sich maßgeblich auf den Unternehmenserfolg auswirken soll.

Aus Wikipedia: http://de.wikipedia.org/wiki/Customer-Relationship-Management, abgerufen 17.12.2014

Wichtig für Kommunikation und Marketing sind dabei neben den Kontaktdaten vor allem Angaben zu den Interessen einer Person (vgl. Abb. 1.3). Wie ist sie auf die Kanzlei aufmerksam geworden? Welche Themen sind für sie relevant? Wünscht sie Informationen zu Veranstaltungen, Vorträgen oder Seminaren? War sie schon einmal Teilnehmer und möchte weiterführendes Material zum Thema? Ist sie am Mandantenrundschreiben interessiert? Dabei sollten die im CRM-System festgehaltenen Kontakte selbstverständlich alle Zielgruppen der Kanzlei umfassen und sich nicht auf bestehende Mandanten beschränken. Schließlich ist das Ziel, auch die Multiplikatoren regelmäßig und gezielt zu informieren.

- Kontaktdaten (Titel, Vor- und Nachname, Unternehmen, Anschrift dienstlich und privat, Telefon dienstlich und privat, Fax dienstlich und privat, E-Mail dienstlich und privat)
- Geburtsdatum
- Familie
- Social-Media-Daten
- Art des Kontakts (Mandant, Seminarveranstalter, Agentur…)
- Mandantenrundschreiben ja/nein
- Interessen
- bevorzugter Informationsweg
- Bemerkungen (Wie ist Mandant auf Kanzlei aufmerksam geworden?, …)
- …

Abb. 1.3 Beispiel für wichtige Kontaktdaten für das CRM-System

Einen Presseverteiler für ihre Medienarbeit kann die Kanzlei entweder in ihr CRM-System integrieren oder separat anlegen. Dies empfiehlt sich, wenn das System keine Möglichkeit bietet, die speziell für den Kontakt mit der Presse relevanten Daten zu erfassen. Entscheidet der Rechtsanwalt, Steuerberater oder Wirtschaftsprüfer sich dafür, den Presseverteiler von seiner übrigen Datenbank zu trennen, reicht oft schon eine überlegt aufgebaute Excel-Tabelle. Hier werden die Spalten dann auf den speziellen Bedarf abgestimmt (vgl. Abb. 1.4). Bei Bedarf kann die Kanzlei zudem auch hier nach einzelnen Kriterien filtern.

Hat die Kanzlei die für sie relevanten Medien ermittelt und in den Presseverteiler eingepflegt, gilt es, die richtigen Ansprechpartner zu recherchieren. Denn die größten Chancen auf Veröffentlichung und Erwähnung hat der Rechtsanwalt, Steuerberater oder Wirtschaftsprüfer, wenn er den für sein Thema zuständigen Journalisten persönlich anschreibt. Die zentrale Redaktions- oder Verlags-E-Mailadresse ist hier

- Kontaktdaten (Titel, Vor- und Nachname, Telefon, Fax, E-Mail)
- Funktion
- Redaktion/Ressort
- Social-Media-Daten
- Verlagsname
- Anschrift
- zentrale Verlags-E-Mail
- Redaktionsschluss
- Mediadaten
- Bemerkungen
- …

Abb. 1.4 Beispiel für Daten in Presseverteiler

meist wenig zielführend, da Pressemitteilungen dort schnell in der Informationsflut untergehen. Doch die richtigen Ansprechpartner lassen sich meist mit mehr oder weniger Mühe herausfinden. Manchmal finden sich die E-Mailadressen unter den Angaben zur Redaktion. Auch im Impressum oder unter Kontakt kann die Kanzlei fündig werden. Sind die einzelnen Journalisten auf der Website eines Mediums gar nicht angegeben, gestaltet sich die Recherche etwas aufwändiger. Hier kann ein freundlicher Anruf in der Redaktion weiterhelfen. Ein weiterer Weg ist, herauszufinden, mit welchem Namen Artikel aus dem betreffenden Ressort gekennzeichnet sind. Die Google-Suche liefert dann anschließend meist die gewünschten Kontaktdaten. Neben der eigenen Recherche kann es sich für größere Presseverteiler lohnen, diese von professionellen Medienbanken erstellen zu lassen oder auf deren Software zurückzugreifen. Wichtig ist hierbei allerdings, Kosten und Nutzen im Blick zu halten.

Ist der Presseverteiler einmal aufgebaut, will er gepflegt werden. Ein Wechsel in der Redaktion würde sonst schnell dazu führen, dass spätere Presseinformationen des Rechtsanwalts, Steuerberaters oder Wirtschaftsprüfers ins Leere laufen. Generell gilt: Auf den langfristigen gezielten Aufbau der Kontakte zu den Medien und ihre anschließende Pflege kommt es an, wenn die Medienarbeit zum Erfolg der Kanzlei beitragen soll. Dazu gehört selbstverständlich auch der Anruf in der Redaktion, mit dem die Kanzlei sich nach ihren Anforderungen erkundigt und mögliche Themen bespricht. Auch Einladungen zu Veranstaltungen und persönliche Treffen dienen dazu, dem Journalisten ein umfassendes Bild zu vermitteln. So macht der rechtliche oder steuerliche Berater sich mit der Zeit einen Namen und Journalisten kommen bei passenden Themen wegen eines Statements oder eines Interviews von selbst auf ihn zu.

Eine weitere wichtige Datenbank für die Kanzlei ist schließlich der Newsletter-Verteiler. Denn gerade dieses Medium eignet sich besonders gut für den Aufbau neuer Kontakte sowie die regelmäßige Kontaktpflege. Da die Empfänger den Newsletter selbstständig abonnieren, kann der Rechtsanwalt, Steuerberater oder Wirtschaftsprüfer hier ein wirkliches Interesse an seinen Themen voraussetzen. Bedient er dieses regelmäßig und mit interessanten Inhalten, vermittelt er damit nicht nur seine Kompetenz. Vielmehr schafft er sich auf diese Weise einen Kreis von Multiplikatoren, die ihn bei passender Gelegenheit gerne empfehlen. Und er bringt sich immer wieder mit wichtigen Informationen bei bestehenden Mandanten in Erinnerung und erhält so den Kontakt. Anders als der Presseverteiler oder ein Mandantenmanagement muss die Kanzlei den eigentlichen Newsletter-Verteiler nicht aktiv selbst aufbauen. Dies übernimmt der gewählte Newsletter-Dienst. Das heißt, die Empfänger füllen zu Beginn ihres Abonnements die relevanten Daten in das Anmeldeformular, die dann automatisch beim Newsletter-Dienst erfasst werden. Meldet ein Empfänger sich wieder ab, werden die Daten entsprechend gelöscht. Auch wenn der rechtliche oder steuerliche Berater Zugriff auf die Daten hat, so muss er diese nicht manuell bearbeiten. Seine Aufgabe besteht „nur" darin, den Dienst nach seinen Bedürfnissen einzurichten, auf seinen Newsletter aufmerksam zu machen und so Abonnenten zu gewinnen – und natürlich die Inhalte zu erstellen.

1.2   Redaktions- und Maßnahmenplan erstellen

Nachdem ein Newsletter eingerichtet und die Daten von interessierten und geeigneten Adressaten ebenso erfasst wurden wie der Medienverteiler, kann der Rechtsanwalt, Steuerberater oder Wirtschaftsprüfer sich der Planung der Inhalte – oder neudeutsch des Contents – zuwenden. Die Themen werden sich in den meisten Fällen an den Schwerpunkten der Kanzlei ausrichten. Denn hier liegt ihr Know-how und genau in diesem Bereich will sie schließlich ihren Expertenstatus aufbauen und wahrgenommen werden. Ergänzt werden können diese fachlichen Informationen zum Beispiel um Ankündigungen von eigenen Vorträgen oder Veranstaltungen sowie um Lese-Empfehlungen zu Veröffentlichungen, die die Kanzlei an anderer Stelle entdeckt hat und als lesenswert für ihre Zielgruppe einordnet. Auch Fallbeispiele aus der eigenen Kanzlei – wenn nötig, verfremdet – dienen als Referenz und bieten eine gute Gelegenheit die eigene Kompetenz herauszustellen. Wichtig ist bei der Planung des Contents, die Zielgruppe im Blick zu behalten. Das bedeutet, deren Interessen sind der Maßstab für die konkrete Themenplanung. Hier gilt es, den Sachverhalt für die jeweiligen Empfänger verständlich darzustellen. Wo es sich anbietet, kann die Kanzlei auch auf Storytelling zurückgreifen und ihre Themen in Geschichten verpacken. Die gute Mischung der Inhalte und ihre ansprechende Aufbereitung sorgen schließlich dafür, dass die Veröffentlichungen gelesen werden und die Kanzlei dadurch ins Bewusstsein der Zielgruppe vordringt.

Damit die Kanzlei ihre Kommunikations- und Marketingziele erreichen kann, ist es wichtig, dass sie den geplanten Content auf die gewählten Maßnahmen abstimmt. So sind die Anforderungen an den Inhalt bei Pressemitteilungen anders als auf Social-Media-Kanälen und auch hier unterscheiden sie sich je nach Plattform. Während es zum Beispiel bei Social Media darauf ankommt, Informationen kürzer zu fassen und mit geeignetem Bildmaterial zu ergänzen, kommt beim Blog die SEO-gerechte Aufbereitung hinzu und bei Presseinformation zählt der Nachrichtenwert (vgl. Abb. 1.5). Nur wenn der Rechtsanwalt, Steuerberater oder Wirtschaftsprüfer diesen im Blick hat, wird die Presse berichten. Dies ist vor dem Hintergrund der allgemeinen Informationsflut allzu verständlich. Immerhin können Journalisten nur eine begrenzte Menge an Nachrichten in ihrem Medium unterbrin-

Abb. 1.5 Nachrichtenwert

- Neuigkeit
- Nähe
- Tragweite
- Prominenz
- Human Interest
- Fortschritt
- Dramatik
- Konflikt
- Kuriosität
- Sex

gen, sodass sie eine Auswahl unter den ihnen angebotenen Themen treffen müssen. Und dies sollte die Kanzlei bereits bei ihrer Planung bedenken.

Außerdem sollte die Kanzlei die einzelnen Maßnahmen miteinander vernetzen. Denn nur so können Synergien zwischen den einzelnen Aktionen entstehen, die schließlich erst ein erfolgreiches Marketing ausmachen. Das heißt, dass zum Beispiel Veranstaltungen oder Vorträge des Rechtsanwalts, Steuerberaters oder Wirtschaftsprüfers auch im Newsletter und auf den Social-Media-Plattformen angekündigt werden. Interessante Fallbeispiele verarbeitet er in einer Pressemitteilung, die dann wiederum auch auf der Website im Pressebereich erscheint. Und bedeutsame Fragen, die ihn über die dialogorientierten Medien wie sein Blog oder seine Social-Media-Profile erreichen, beantwortet er in allgemeingültiger Form in einem späteren Blogbeitrag und bietet damit allen Lesern einen Mehrwert. Um hier den Überblick zu behalten, gilt es, einen Redaktions- und Maßnahmenplan zu erstellen. Gut eignet sich dafür eine Excel-Liste, die die Kanzlei nach den eigenen Bedürfnissen aufbaut. Darin enthalten sein müssen erst einmal alle geplanten Maßnahmen. Stehen bereits Termine und Inhalte wie zum Beispiel für Vorträge fest, werden auch diese erfasst. Vorlagen für Social-Media-Redaktionspläne, die sich dann problemlos selbst um die Maßnahmen der klassischen Kommunikation erweitern lassen, finden sich zahlreich im Internet. Ein Beispiel mit sieben verschiedenen Vorlagen ist dieses: http://www.onlinemarketing-praxis.de/social-media/social-media-redaktionsplan-muster-als-vorlage.

Bei der Erstellung des Maßnahmen- und Redaktionsplans oder bei der Auswahl einer entsprechenden Vorlage gilt es, die eigenen Anforderungen im Blick zu be-

- Termin (Veröffentlichung, Veranstaltung, Vortrag, Seminar)
- Redaktionsschluss
- erforderliches Material (Texte, Bilder, Präsentationen, Handouts) inkl. Termin, bis wann dies vorliegen muss
- Thema
- Abstract
- Verantwortlicher
- Format (Pressemitteilung, Social-Media-Post, Blogbeitrag, Vortrag, …)
- Status der Bearbeitung
- Verlinkung mit weiteren Kanälen (Art und Termin)

Abb. 1.6 Mindestanforderungen eines Redaktionsplans

halten (vgl. Abb. 1.6). Das bedeutet, der Plan muss zu den Vorhaben der Kanzlei passen, damit sie ihn sinnvoll nutzen kann. Ein überdimensionierter Plan ist dabei genauso wenig zielführend wie ein lückenhafter. In jedem Fall müssen gleich von Beginn an alle geplanten Maßnahmen und Kanäle berücksichtigt werden. Sonst besteht das Risiko, dass wichtige Termine übersehen werden und dass das Potential, das die gewählten Marketing- und Kommunikationsmaßnahmen bieten, nicht umfassend ausgeschöpft wird.

Leitfragen
- Wie viele und welche Maßnahmen sind geplant?
- Welche Social-Media-Kanäle sollen genutzt werden?
- Wie sollen die Intervalle der Veröffentlichungen gestaltet sein? (Ein- oder mehrmals pro Tag/pro Woche)
- Welche SEO-Informationen benötigt die Kanzlei?
- Sind Gastartikel/Interviews vorgesehen? (im eigenen Blog, auf anderen Plattformen, …)

Wichtig ist außerdem, den Redaktions- und Maßnahmenplan zu pflegen. Denn dieser ist nicht „in Stein gemeißelt". Sinnvoll ist es, bei der Planung bereits Inhalte für einen längeren Zeitraum festzulegen und einen Themenpool zu schaffen. Umfassen sollte der Plan zunächst ein halbes bis ein ganzes Jahr. Im zeitlichen Verlauf wird er schließlich entsprechend fortgeschrieben. Beginnen sollte die Kanzlei bei ihrer Planung in jedem Fall, indem sie bereits feststehende Termine in ihrem Plan erfasst. Neben eigenen Veranstaltungen, Vorträgen oder Seminaren können dies auch Gesetzesentscheidungen oder Kongresse sein, über die der Rechtsanwalt, Steuerberater oder Wirtschaftsprüfer informieren will. Ergänzt werden sollten diese Termine um weitere Inhalte, die die Expertise der Kanzlei zeigen. Hier gilt es eine Content-Strategie zu entwickeln, sodass die Themen zueinander passen, einander ergänzen oder aufeinander aufbauen. Trotz dieser Planung sollte der rechtliche oder steuerliche Berater aber auch die Aktualität nicht aus den Augen verlieren. Das bedeutet, bei Bedarf müssen aktuelle Inhalte Vorrang bekommen und der Redaktions- und Maßnahmenplan wird entsprechend angepasst.

1.3 Maßnahmen vorbereiten und umsetzen

Steht der Redaktions- und Maßnahmenplan, lassen sich die darin geplanten Veröffentlichungen gut vorbereiten, sodass sich die notwendigen Bearbeitungsschritte dem jeweiligen Arbeitsaufkommen anpassen lassen. Auf diese Weise verhindert die Kanzlei, im Tagesgeschäft ständig neue Ideen für Kommunikation und Marketing entwickeln zu müssen. Denn in diesem Fall ist die Gefahr allzu groß, dass die gerade erst begonnene Kommunikation nicht den gewünschten Erfolg erzielt, da sie entweder zu unregelmäßig erfolgt, um Aufmerksamkeit zu wecken oder aber wegen Überlastung der Verantwortlichen sogar vollständig aufgegeben wird.

Entscheidend für eine gezielte Vorbereitung und Umsetzung der geplanten Maßnahmen ist erst einmal, die Termine und die notwendigen Arbeitsschritte im Blick zu haben. Das heißt, der Rechtsanwalt, Steuerberater oder Wirtschaftsprüfer muss wissen, bis wann welche Informationen oder Materialien zum Beispiel für eine Veröffentlichung oder einen Vortrag vorliegen müssen. Außerdem sollte er im Blick haben, wie viel Zeit er benötigt, um die notwendigen Texte oder Präsentationen zu erstellen sowie Bildmaterial oder andere Inhalte zu recherchieren und zu beschaffen. Ist er auf die Zusammenarbeit mit Kooperationspartnern angewiesen, braucht er Informationen, bis wann diese liefern oder wer vielleicht zuarbeiten muss. All dies sollte im Redaktions- und Maßnahmenplan vermerkt sein und von ihm um den Bearbeitungsstand ergänzt werden. Dies garantiert einen guten Überblick und trägt damit dazu bei, bestehende Termine einzuhalten und wenn nötig, fehlende Materialien rechtzeitig anzumahnen. Gerade größere Projekte benötigen schließlich einen längeren Vorlauf und erfordern zum Teil auch Arbeitsschritte, die nicht zu den üblichen Aufgaben einer Kanzlei gehören. Wie schnell kann dabei in der Hektik des Alltags untergehen, rechtzeitig das Catering für eine selbst organisierte Veranstaltung oder eine Veranstaltung in den eigenen Räumen zu bestellen.

Für den rechtlichen oder steuerlichen Berater bedeutet dies im nächsten Schritt die Recherche der benötigten Informationen für die jeweiligen Maßnahmen. Welche Details fehlen ihm zum Beispiel für das Verfassen des geplanten Blogbeitrags oder Newsletters? Welche Bilder oder Grafiken unterstützen diesen Artikel oder einen Post in den Social Media am besten? Wie lauten die Keywords oder welchen

Hashtag gilt es zu nutzen? Wer kann das Catering für eine geplante Frühstücksveranstaltung übernehmen – und zu welchen Kosten? Wo lassen sich Räume für ein Seminar buchen – und zu welchen Bedingungen? Derart zielgerichtete Vorüberlegungen erleichtern dem Rechtsanwalt, Steuerberater oder Wirtschaftsprüfer die weitere Gestaltung seiner Marketingmaßnahmen. Denn so kann er gezielt daran gehen, die fehlenden Informationen oder Materialien einzuholen. So gerüstet fällt die anschließende Umsetzung erheblich leichter. Eine große Hilfe bei der Recherche leisten die einschlägigen Suchmaschinen sowie Fachdatenbanken und Suchdienste. Bildmaterial findet sich in den verschiedenen Bilddatenbanken, wobei hier die zu erwerbenden Rechte auf die geplante Verwendung abgestimmt werden müssen. Und Unterstützung bei der Festlegung von Keywords bietet zum Beispiel das Google AdWords Keyword Tool. Auch Google Trends oder Google Suggest leisten hierbei gute Dienste.

Leitfragen

Pressemitteilung	• Welche Hintergrundinformationen werden benötigt?
	• Gibt es ergänzendes (eigenes) Bildmaterial?
	• Welche Rechte bestehen an den Bildern?
	• Wie soll das Bildmaterial zur Verfügung gestellt werden?
Blog	• Welche Hintergrundinformationen werden benötigt?
	• Gibt es ergänzendes (eigenes) Bildmaterial?
	• Welche Rechte bestehen an den Bildern?
	• Auf welche Beiträge soll verlinkt werden? (eigene, in fremden Blogs, andere Veröffentlichungen, …)
	• Welche Keywords sind relevant?
	• In welche Kategorie gehört der Post?
	• Welche Tags passen zum Post?
	• Wie sollen die SEO-Angaben lauten?
	• Gibt es einen Call-to-Action? (Handlungsaufforderung zum Beispiel zu Kommentaren, …)
	• In welchen anderen Medien der Kanzlei soll der Beitrag erwähnt werden?
Newsletter	• Welche Hintergrundinformationen werden benötigt?
	• Gibt es ergänzendes (eigenes) Bildmaterial?
	• Welche Rechte bestehen an den Bildern?
	• Wie viele Beiträge soll der Newsletter enthalten?

	• Soll es Informationen zu Vorträgen, Veranstaltungen, Seminaren geben? • Welche Zusatzinformationen sollen eingepflegt werden? (zum Beispiel interessante Buchempfehlungen anderer Autoren, nützliche Links, …) • In welchen anderen Medien der Kanzlei soll das Erscheinen des Newsletters erwähnt werden?
Social Media	• Welche Hintergrundinformationen werden benötigt? • Gibt es ergänzendes (eigenes) Bildmaterial? • Welche Rechte bestehen an den Bildern? • Welche Kriterien soll der Post erfüllen? (Twitter zum Beispiel maximal 140 Zeichen) • Welche Hashtags sollen eingefügt werden? • Gibt es einen Call-to-Action? (Handlungsaufforderung zum Beispiel zu Kommentaren, …)
Fachartikel	• Welche Hintergrundinformationen werden benötigt? • Gibt es ergänzendes (eigenes) Bildmaterial? • Welche Rechte bestehen an den Bildern? • Gibt es ergänzende Grafiken, Checklisten, Infokästen? • Wird eine Autoreninfo gefordert? (bei Gastartikeln) • In welchen anderen Medien der Kanzlei soll das Erscheinen des Fachartikels erwähnt werden?
Veranstaltungen, Vorträge, Seminare	• Welche Hintergrundinformationen werden benötigt? • Gibt es ergänzendes (eigenes) Bildmaterial? • Welche Rechte bestehen an den Bildern? • Wie soll die Präsentation gestaltet sein? • Welche (technischen) Hilfsmittel stehen zur Verfügung? • Wie viele Teilnehmer kommen? • Welchen Hintergrund/ Welche Anforderungen haben diese? • Wie ist der Raum gestaltet?
Bei eigener Organisation	• Steht ein Raum in der Kanzlei zur Verfügung oder muss einer angemietet werden? • Wo lässt sich ein passender Raum anmieten? • Zu welchen Kosten?

> • Wird Catering benötigt? Wenn ja, in welcher Form?
> • Wer kann das Catering liefern?
> • Zu welchen Kosten?

Sind die Detailfragen geklärt, kann der Rechtsanwalt, Steuerberater oder Wirtschaftsprüfer daran gehen, die Inhalte zu strukturieren. Das heißt, er erstellt für seine Texte eine grobe Gliederung, in der er stichpunktartig den Inhalt skizziert. Dieses Vorgehen bietet ihm eine gute Unterstützung beim Schreiben. Denn eine vorhandene Struktur wirkt sich in den meisten Fällen positiv auf den Schreibfluss aus, da ein solcher Rahmen die Ideen in geregelte Bahnen lenkt. Außerdem stellt der rechtliche oder steuerliche Berater auf diese Weise sicher, keine wichtigen Details zu übersehen und führt auch den Leser gut durch den Text.

Neben der Einhaltung von Terminen und der weiteren Vorbereitung der geplanten Kommunikations- und Marketingmaßnahmen kommt es schließlich darauf an, diese so zu gestalten, dass sie die Anforderungen der jeweiligen Zielgruppe erfüllen. Denn nur dann können sie in vollem Umfang dazu beitragen, dass die Kanzlei ihre Marketingziele tatsächlich erreicht. Generell gilt dabei, dass alle Beiträge – egal ob als Pressemitteilung, Fachartikel oder in Social Media – allgemein verständlich verfasst sein sollten. Denn in den meisten Fällen wendet der rechtliche oder steuerliche Berater sich hiermit an eine Zielgruppe, der die juristische Fachsprache eher fremd ist. Das heißt aber auch, die Kanzlei kann die potenziellen Mandanten und Multiplikatoren nur von ihrer Expertise überzeugen, wenn diese ihre Inhalte wahrnehmen – und genau das werden sie nur dann tun, wenn sie diese auch verstehen. Hinzu kommt, dass der Content einen Mehrwert für die Adressaten bieten muss. Ist ein solcher Nutzen nicht erkennbar, wenden sich die meisten schnell anderen Beiträgen zu.

Pressemitteilungen Bei Pressemitteilungen bedeutet das erst einmal, dass der Text den zuvor bereits erwähnten Nachrichtenwert aufweisen muss, wenn er in der allgemeinen Informationsflut, der Journalisten heute ausgesetzt sind, eine Chance auf deren gezielte Aufmerksamkeit haben will. Und daraus kann sich dann überhaupt erst eine Möglichkeit zur Veröffentlichung ergeben. Hinzu kommen ein paar weitere Kriterien, die es zu erfüllen gilt, um Medienvertreter mit einer Pressemitteilung für sich einzunehmen. So muss die Kanzlei auf ihren Schreibstil achten. Das heißt, sie wählt eine nüchterne Ausdrucksweise und verzichtet auf werbliche Formulierungen. Beantworten sollte sie allerdings die sieben W-Fragen der Jour-

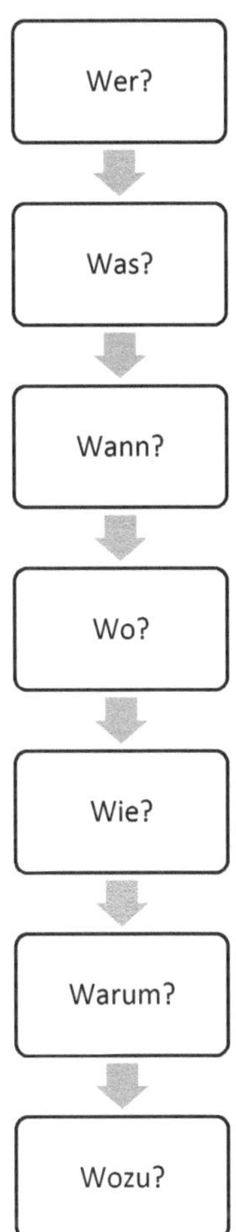

Abb. 1.7 Sieben W-Fragen des Journalismus

nalisten (vgl. Abb. 1.7). Außerdem sollte der Inhalt in abnehmender Wichtigkeit präsentiert werden, sodass Journalisten ihn 1:1 übernehmen und bei Bedarf vom Ende her kürzen können.

Social Media Bei den Social Media kommt es bei der Umsetzung vor allem darauf an, die jeweiligen Eigenheiten der gewählten Plattformen zu berücksichtigen. Das heißt zum Beispiel, wie lang darf der Post sein. Je nach Zielgruppe kann der Ton hier durchaus dann lockerer gehalten sein. Wichtig ist außerdem, im Blick zu behalten, dass diese Kanäle auf einen Dialog ausgerichtet sind. Gezielte Fragen an die Fans oder Follower fördern diesen Austausch. Vergessen darf die Kanzlei dabei aber nicht, hierfür auch entsprechende Zeitfenster einzuplanen. Schließlich ist nichts schlimmer, als wenn sie selbst im Anschluss nicht zeitnah auf Kommentare reagiert. Im schlimmsten Fall rückt sie sich selbst in ein schlechtes Licht oder enttäuscht und verliert Fans oder Follower. Rein automatisierte Beiträge sind daher meist nicht zielführend. Gut zu wissen für die Umsetzung der Social-Media-Aktivitäten ist zudem, dass auf diesen Plattformen die Persönlichkeit zählt. Fans oder Follower wollen hier also den Rechtsanwalt, Steuerberater oder Wirtschaftsprüfer ein wenig näher kennenlernen. Eine Mischung aus informativen Beiträgen und persönlicheren – jedoch nicht privaten – Nachrichten führt hier zum Erfolg.

Blog/Newsletter Blogs und Newsletter tragen am besten dann zum Erfolg einer Kanzlei bei, wenn sie einem gewissen Rhythmus folgen. Das heißt, in einem Blog sollte der Rechtsanwalt, Steuerberater oder Wirtschaftsprüfer mindestens einmal pro Woche neue Inhalte posten. Ein Newsletter sollte einmal pro Monat erscheinen. Diese Intervalle stellen sicher, dass die Erwartungen der Abonnenten erfüllt werden und auch der nötige Wiedererkennungseffekt wirkt. Um einen solchen Rhythmus an Veröffentlichungen einhalten zu können, bietet es sich an, nach Vorgabe des Maßnahmen- und Redaktionsplans so viel Content wie möglich vorzubereiten. So stellt die Kanzlei sicher, dass sie auch in Phasen hoher Arbeitsbelastung Beiträge im Blog online stellen und Newsletter versenden kann.

(Fach-)/Gastartikel Hat der rechtliche oder steuerliche Berater (Fach-) oder Gastartikel in einer Zeitung, einem Magazin oder auf einem Online-Medium vereinbart, kommt es darauf an, die entsprechenden Vorgaben genau einzuhalten. Dies kann eine genaue Anzahl an Zeichen sein, die die Kanzlei liefern muss. Dies kann die Aufbereitung sein – zum Beispiel mit Infokästen, Grafiken oder weiteren Links. Und dies kann die Tonalität sein, in der der Artikel verfasst sein muss. Wichtig ist, eventuelle Vorgaben bereits bei der ersten Absprache genau zu klären. Schließlich wäre es schade, wenn der Rechtsanwalt, Steuerberater oder Wirtschaftsprüfer bereits umfangreiche Vorarbeiten erledigt hat, nur um dann zu erfahren, dass diese nicht zielführend waren. Da es sich zudem meist um Ausschlusskriterien für eine Veröffentlichung handelt, hat er in diesem Fall schließlich nur die Wahl zwischen einer Änderung oder dem Nichterscheinen seines Beitrags.

Veranstaltungen, Vorträge, Seminare Will die Kanzlei eine gute Resonanz auf ihre Veranstaltungen, Vorträge oder Seminare erreichen, kommt es an erster Stelle auf die Einladung an. Hier muss der Titel gleich Neugier wecken und einen Mehrwert versprechen. Und dieses erste Versprechen sollte die weitere Beschreibung des geplanten Events noch unterstreichen. Gerade vor dem Hintergrund, dass fast alle Informationen heute für jeden per Internet zu jeder Zeit verfügbar sind, kommt es darauf an, den Nutzen für die möglichen Teilnehmer herauszustreichen. Nur dann werden sie bereit sein, ihre meist doch knappe Zeit zu investieren und an der Veranstaltung, dem Vortrag oder dem Seminar teilzunehmen. Für die Kanzlei heißt das, an der Formulierung der Einladungen zu feilen. Ebenfalls wichtig ist der Zeitpunkt der Einladung. Dieser sollte nicht zu früh und nicht zu spät gewählt werden. Ein Vorlauf von vier bis sechs Wochen erweist sich dabei meist als ideal. So kann die Zielgruppe gut planen. Gleichzeitig ist die Frist aber auch kurz genug gewählt, dass sie ihre erfolgte Anmeldung nicht vergisst und tatsächlich erscheint. Unterstützen kann der Rechtsanwalt, Steuerberater oder Wirtschaftsprüfer durch eine Erinnerungsmail, die kurz vor dem geplanten Termin erfolgen sollte. Auch die Verknüpfung mit den anderen Marketingmaßnahmen – das heißt also eine Erwähnung in Blog, Newsletter und Social Media – der Kanzlei wirkt gerade bei Veranstaltungen, Vorträgen oder Events sehr positiv. Denn auf diese Weise erzeugt der rechtliche oder steuerliche Berater mehr Aufmerksamkeit für sein Event und erhöht die Reichweite.

Unterstützung durch Agenturen

Ein gut auf die Anforderungen der Kanzlei abgestimmtes Kanzleimarketing bildet die Basis für ihren wirtschaftlichen Erfolg. Allerdings muss der Rechtsanwalt, Steuerberater oder Wirtschaftsprüfer sich darüber im Klaren sein, dass sowohl die vernünftige Planung als auch die richtige Umsetzung einiges an zeitlichem Einsatz erfordern. Hier ist es wichtig, die eigenen Kapazitäten genau abzuschätzen. Erkennt der rechtliche oder steuerliche Berater, dass das eigene Zeitbudget und das der Mitarbeiter zu gering ist, um Marketingmaßnahmen wirkungsvoll umzusetzen, kann die Zusammenarbeit mit Agenturen eine sinnvolle Lösung darstellen (vgl. Abb. 2.1). So lässt sich das Kanzleimarketing vollständig an einen externen Dienstleister ausgliedern. Alternativ bietet sich die Möglichkeit, sich Unterstützung bei einzelnen Maßnahmen hinzuzuholen.

Entscheidet sich der Rechtsanwalt, Steuerberater oder Wirtschaftsprüfer dafür, mit einer Agentur zusammenzuarbeiten, gilt es zuerst, einige grundlegende Fragen für sich selbst zu beantworten. Will die Kanzlei zum Beispiel neu mit Marketingmaßnahmen beginnen oder sollen bestehende ergänzt werden? Will sie längerfristig mit einem externen Dienstleister arbeiten oder will sie nur einzelne Maßnahmen mit einem Spezialisten umsetzen? Wie stark will sie selbst in die Umsetzung eingreifen oder gliedert sie ihr Kanzleimarketing vollständig aus? Wie sieht das finanzielle und zeitliche Budget aus? Die Antworten auf diese Fragen geben gute erste Hinweise bei der Suche nach der geeigneten Agentur. Und sie dienen dazu, die möglichen Anbieter einzugrenzen. Aufgrund der großen Zahl an Dienstleistern auf dem Markt ist dies von großer Bedeutung. Gut ist daher auch, sich bereits im Vorfeld zu überlegen, welches Fachwissen der rechtliche oder steuerliche Berater auf Seiten der Agentur erwartet. Zieht er Gesprächspartner vor, die „die gleiche

© Springer Fachmedien Wiesbaden 2015

M. Schäfer, *Erfolgsfaktor Kanzleistrategie*, essentials,

DOI 10.1007/978-3-658-09183-5_2

Abb. 2.1 Umsetzungsmöglichkeiten beim Kanzleimarketing

Sprache sprechen" und den Ablauf einer Kanzlei kennen, dann ist er bei einer auf Kanzleimarketing spezialisierten Agentur bestens aufgehoben. Akzeptiert er dagegen, wenn seine Ansprechpartner größeren Erklärungsbedarf haben – und die Abstimmung damit einen höheren zeitlichen Aufwand erfordert –, und setzt mehr auf branchenfremde Ideen, dann kommen weitere Kreativagenturen in Frage. Wieder anders sieht es aus, wenn er gezielt Spezialisten zum Beispiel für Podcasts oder Online-Marketing beauftragen will. In diesem Fall kommt es vor allem auf die Expertise im gesuchten Spezialgebiet an. Der Abstimmungsaufwand in Bezug auf Kanzlei spezifische Aspekte dürfte dann allerdings höher ausfallen.

Neben diesen grundlegenden Punkten kommt schließlich die menschliche Komponente als weiteres Auswahlkriterium hinzu. Gerade wenn die Zusammenarbeit enger und längerfristig angelegt ist, ist dieser Aspekt nicht zu unterschätzen. Wie umgekehrt zwischen dem Rechtsanwalt, Steuerberater oder Wirtschaftsprüfer und seinen Mandanten so muss auch in der Geschäftsbeziehung zwischen der Kanzlei und dem externen Dienstleister die Chemie stimmen. Schließlich muss der rechtliche oder steuerliche Berater darauf vertrauen, die optimale Lösung für sein Kanzleimarketing gefunden zu haben. Deshalb stellt sich an dieser Stelle die Frage, wie die Verantwortlichkeiten in der Agentur geregelt sind. Hat die Kanzlei immer denselben – oder zumindest feste – Ansprechpartner oder wechselt dies? Oder entscheidet sich der Rechtsanwalt, Steuerberater oder Wirtschaftsprüfer lieber für einen freiberuflich tätigen Experten, der bei Bedarf mit weiteren Partnern zusammenarbeitet aber das Gesamtprojekt koordiniert und dadurch der entscheidende Gesprächspartner ist? Weiterhin besteht natürlich die Möglichkeit, für die einzelnen Maßnahmen des Kanzleimarketings mit verschiedenen Experten zusammenzuarbeiten und das gesamte Projekt selbst zu überwachen. Für welche Möglichkeit sich die Kanzlei schließlich entscheidet, sollte zum einen von ihren Präferenzen zum anderen aber auch von ihren zeitlichen und finanziellen Kapazitäten abhängen.

Leitfragen
- Welche Form der Unterstützung wird für das Kanzleimarketing benötigt?
- Welches Budget steht zur Verfügung?
- Wie sieht es mit den eigenen zeitlichen Kapazitäten aus? Für die eigene Umsetzung von Maßnahmen? Für die Abstimmung mit dem Dienstleister?
- Gibt es Empfehlungen von Kollegen?
- Welche Expertise soll die Agentur mitbringen?
- Welche Voraussetzungen muss der Dienstleister erfüllen?
- Gibt es besondere Anforderungen? Fachliches Know-how? IT? Regional?
- Welche Grundlagen sind vorhanden? Existiert eine (Marketing-)Strategie? Werden schon Maßnahmen umgesetzt?

Im nächsten Schritt folgt dann die Recherche geeigneter Dienstleister. Gute Anhaltspunkte dafür liefern das Internet und Social Media. Als besonders wertvoll erweisen sich aber oft Empfehlungen von anderen Kanzleien. Denn was zählt mehr als tatsächliche Erfahrungen aus der Praxis. Dabei kommt es heute nicht mehr darauf an, eine Agentur oder einen Experten aus dem näheren Umfeld zu beauftragen. Die moderne Technik verschafft dem Rechtsanwalt, Steuerberater oder Wirtschaftsprüfer vielmehr größtmögliche Flexibilität bei der Auswahl des Dienstleisters. Denn auch wenn vor der Auftragserteilung oder am Beginn der Zusammenarbeit oft ein persönliches Kennenlernen steht, so laufen die weiteren Abstimmungen heute meist per Telefon oder E-Mail. Und selbst der persönliche Erstkontakt lässt sich via Skype ohne Reiseaufwand gestalten. Während große Unternehmen sich fast immer auf der Grundlage eines Pitchs für eine Agentur entscheiden, wird die Kanzlei eine erste Auswahl möglicher Dienstleister aufgrund ihres Eindrucks aus dem Internetauftritt, eventuell weiterer Unterlagen und einem Telefonat oder einem persönlichen Kontakt treffen. Über den Zuschlag entscheidet danach meist das Angebot. Um eine gute Grundlage für die Entscheidung zu haben, ist es wichtig, dass die angefragten Agenturen und Experten die gleichen Informationen erhalten. Das bedeutet, der Rechtsanwalt, Steuerberater oder Wirtschaftsprüfer sollte seine Vorstellungen bereits hier konkret schildern und die möglichen Dienstleister gut briefen. Denn nur so wird er passende Angebote erhalten. Und nur auf dieser Basis ist auch eine zufriedenstellende Zusammenarbeit überhaupt möglich.

Wichtig ist, dass die Agentur die Gesamtstrategie der Kanzlei kennenlernt. Schließlich muss die Marketingstrategie hierauf abgestimmt werden, um ihren Beitrag zum wirtschaftlichen Erfolg leisten zu können. Auch Informationen über das angestrebte Ziel des Kanzleimarketings und die konkrete Zielgruppe benötigt der Dienstleister für seine strategischen und konzeptionellen Überlegungen. Setzt der Rechtsanwalt, Steuerberater oder Wirtschaftsprüfer bereits einzelne Marketingmaßnahmen um, braucht der Experte auch hierzu die relevanten Angaben. Gut ist daher, wenn er die nötige Grundlage in einem Workshop zusammen mit der Kanzlei erarbeitet. So stellt er sicher, dass er über alle nötigen Informationen verfügt. Hierauf kann er dann seine weiteren Ausarbeitungen aufbauen. Ein solcher Workshop kann dabei durchaus zunächst ein eigenständiger Auftrag sein und zu sehr weitreichenden Ergebnissen führen. Das bedeutet, je nach Aufbau leistet er bereits einen wesentlichen Beitrag zur strategischen und konzeptionellen Arbeit und beinhaltet auch Überlegungen mit Blick auf mögliche Maßnahmen. Im folgenden Projekt geht es dann daran, diese umzusetzen. Ist ein derartiger Workshop nicht möglich, bedarf es eines ausführlichen Briefings. Darin konkretisiert der rechtliche oder steuerliche Berater die Aufgabenstellung und informiert die Agentur über alle wichtigen Sachverhalte. Viele Dienstleister arbeiten hier mit detaillierten Fragebögen, die die Kanzlei ausfüllt. So garantieren sie gleichbleibende Standards in ihren Projekten. Und sie stellen sicher, dass alle notwendigen Informationen zu Beginn des Projektes tatsächlich vorliegen. Außerdem gilt: Je mehr Angaben zur Verfügung stehen und je konkreter diese sind, desto genauer und zielgerichteter kann der beauftragte Experte arbeiten. Bei Bedarf kann die Kanzlei mit dem Dienstleister im Anschluss noch ein Rebriefing vereinbaren. Darin fasst er die wesentlichen Angaben aus dem Briefing zusammen und zeigt so, dass er die Aufgabenstellung im Sinne des rechtlichen oder steuerlichen Beraters verstanden hat. Ist das Projekt abgeschlossen, kann dann noch ein Debriefing folgen, in dem die Kanzlei zusammen mit der Agentur überprüft, wo eventuell Probleme entstanden sind und wie deren Lösung aussehen kann.

Beispiel für Briefingangaben
- Projektname
- Hintergrundinformationen (zu Kanzlei, zum Dienstleistungsangebot, zum Projekt)
- Projektumfang
- Ziele
- Zielgruppe
- Botschaft
- Tonalität
- Konkrete Beschreibung der Aufgabe
- Verantwortlichkeiten
- Budget
- Zeitplan
- Evaluation/Controlling

Wichtig zu wissen ist dabei, dass ein Briefing immer am Anfang einer Zusammenarbeit mit einem Dienstleister stehen sollte – unabhängig von der Größe des Projekts. Schließlich brauchen die Geschäftspartner diese umfassenden Informationen als Arbeitsgrundlage. Das gilt selbstverständlich nicht nur, wenn der Rechtsanwalt, Steuerberater oder Wirtschaftsprüfer erstmals auf Kanzleimarketing setzen will. Denn delegieren lässt sich grundsätzlich jede Aufgabe aus dem Marketing. Das reicht von der Beauftragung einer Agentur als externe Marketingabteilung über die Ausgliederung der Social-Media-Betreuung bis hin zur Organisation eines einzelnen Vortrags. Das Briefing muss hier lediglich auf die jeweiligen Anforderungen angepasst werden. Hinzu kommen bei einer langfristigen und umfangreichen Zusammenarbeit regelmäßige Abstimmungen und Aktualisierungen, um den Dienstleister auf den neuesten Stand zu Plänen und Aktionen in der Kanzlei zu bringen.

Besonders erfolgreich gestaltet sich die Zusammenarbeit mit einem Dienstleister im Übrigen, wenn dieser bei der Ausführung der Maßnahmen so viel freie Hand bekommt wie möglich. Dabei sollte sich der rechtliche oder steuerliche Berater bewusst machen, dass der Experte durchaus fachliche Gründe für die gewählte Gestaltung oder Formulierung hat. Ist die eigene Einstellung gegenüber dem Vorschlag der Agentur jedoch negativ, sagt sie ihm also überhaupt nicht zu, sollte er dies ansprechen und um Alternativen oder eine Begründung für den Entwurf bitten. Hier sollte er allerdings anführen können, was ihn konkret stört. Denn so erhöht er die Chance, dass die Änderungen des Ursprungsvorschlags seine Vorstellungen besser treffen. Schließlich muss die Kanzlei hinter ihren Marketingmaßnahmen stehen. Dies ist eine absolute Voraussetzung, damit diese erfolgreich wirken können. Entsprechend sollte sie daher bei Bedarf auch die von den meisten Agenturen angebotene Feedbackschleife nutzen, um danach das für sie optimale Ergebnis zu erhalten.

Tatsächlich eröffnet die Zusammenarbeit mit einer Agentur oder einem externen Dienstleister dem Rechtsanwalt, Steuerberater oder Wirtschaftsprüfer große Chancen für sein Kanzleimarketing. Denn auf diese Weise profitiert er nicht nur von deren Know-how und der fachlich einwandfreien Umsetzung. Vielmehr bietet dieser Weg der Kanzlei größtmögliche Effizienz. Schließlich lassen sich mit externer Unterstützung selbst umfangreiche Maßnahmen gezielt umsetzen, ohne dass dies zu Lasten des eigenen Zeitbudgets – und damit der eigentlichen Kernaufgaben – geht. Die Relation zwischen Kosten und Nutzen liefert hier also ein gewichtiges Argument für den Einsatz eines Dienstleisters. Immerhin lautet die Alternative oft, nur eingeschränkt auf den Erfolgsfaktor Kanzleimarketing zu setzen oder dessen Potenzial ganz außer Acht zu lassen. Und dies wäre mehr als schade.

Was Sie aus diesem Essential mitnehmen können

- Um erfolgreich wirken zu können, bedarf es einiger Vorüberlegungen für das Kanzleimarketing. Dazu gehört, die passende Strategie auszuarbeiten und ein Konzept mit Maßnahmen zu entwickeln, die sowohl den Bedürfnissen der Kanzlei als auch der Zielgruppe entsprechen.
- Marketing- und Kommunikationsziele lassen sich nur erreichen, wenn die Kanzlei geeignete Adressaten für ihre Themen ermittelt hat. Dazu gehören potenzielle und bestehende Mandanten und Mitarbeiter genauso wie Multiplikatoren. Ein oder mehrere gut aufgebaute Verteiler sorgen dafür, dass die Kanzlei die Adressaten mit ihren Inhalten ansprechen und sie erreichen kann.
- Ein guter Maßnahmen- und Redaktionsplan unterstützt die Kanzlei bei der Umsetzung ihres Kanzleimarketings. Dieser sollte den Zeitrahmen von mindestens einem halben Jahr abdecken und einen Themenpool umfassen. Dies erspart die ständige kurzfristige Ideenfindung und sorgt für einen sinnvollen Aufbau der Kommunikation. Flexibilität je nach Bedarf ist jedoch ebenso wichtig.
- Bei der Vorbereitung und Umsetzung der geplanten Maßnahmen kommt es darauf an, Termine, Strukturen und Eigenheiten im Blick zu haben. Ein Blick auf verschiedene Leitfragen unterstützt die Kanzlei dabei.
- Bei spezialisierten Agenturen finden Kanzleien Unterstützung für ihr Marketing. Je nach Bedarf bieten sich hier verschiedene Möglichkeiten der Zusammenarbeit. Eine gute Basis liefern umfangreiche gezielte Vorüberlegungen.

© Springer Fachmedien Wiesbaden 2015   27
M. Schäfer, *Erfolgsfaktor Kanzleistrategie*, essentials,
DOI 10.1007/978-3-658-09183-5

„Zum Weiterlesen"

Hübner K, Hübner G (2004) Abenteuer Steuerberatung. Deubner, Köln
Nöcker R (2015) Agenturauswahl: Der Weg zur richtigen Kommunikationsagentur. Springer Gabler, Wiesbaden
Schäfer M (2010) Das schlagfertige Unternehmen. Schnell und offen kommunizieren. UVK, Konstanz
Schieblon C (Hrsg) (2013) Marketing für Kanzleien und Wirtschaftsprüfer: Ein Praxishandbuch für Anwalts-, Steuerkanzleien und Wirtschaftsprüfungsunternehmen. Springer Gabler, Wiesbaden

© Springer Fachmedien Wiesbaden 2015
M. Schäfer, *Erfolgsfaktor Kanzleistrategie,* essentials,
DOI 10.1007/978-3-658-09183-5